RELATION

D'UN VOYAGE

A BRUXELLES ET A COBLENTZ.

(1791.)

Par Louis XVIII

PARIS.

BAUDOUIN FRÈRES, ÉDITEURS,

RUE DE VAUGIRARD, N. 36.

MDCCCXXIII.

IMPRIMERIE DE J. TASTU,
Rue de Vaugirard, n. 36.

A ANTOINE-LOUIS-FRANÇOIS D'AVARAY,

Son Libérateur,

LOUIS-STANISLAS-XAVIER DE FRANCE,

Plein de reconnaissance, SALUT.

Je sais, mon cher ami, que vous travaillez à tracer le détail de ce qui a précédé et accompagné le moment où vous m'avez rendu la liberté; personne n'est plus en état que vous de bien faire connaître votre ouvrage. Cependant je l'entreprends aussi; il est possible que votre modestie vous empêche de vous rendre entièrement justice, et c'est pour moi un devoir aussi sacré que doux à remplir de parer à cet inconvénient. Ce serait me rendre ingrat de souffrir que qui que ce soit au monde, même vous, osât ravir à mon libérateur la moindre partie de la gloire qui lui est due. C'est donc bien plus dans cette vue que pour me rappeler le souvenir d'événemens qui seront tou-

jours présens à ma pensée, que j'écris cette relation. Recevez-la comme un gage de ma tendre amitié, comme un monument de ma reconnaissance. Puisse-t-elle servir à acquitter une partie de la dette qu'il m'a été si doux de contracter, et dont il m'est encore plus doux de penser que je serai éternellement chargé!

Teucro duce et auspice Teucro.

HOR., l. I, od. VI.

LES bruits, répandus au mois de novembre 1790, de la prochaine évasion du Roi, m'avaient fait songer à la mienne. J'avais cru devoir mettre Peronnet, alors mon garçon de garde-robe, dans ma confidence, parce qu'il était plus à portée qu'un autre d'arranger tout ce qu'il me fallait relativement à mes paquets, et que d'ailleurs j'étais dès-lors aussi sûr de sa fidélité que je le suis aujourd'hui qu'il m'a si bien servi. Les bruits se dissipèrent, et comme de raison nous remîmes l'exécution du plan à un moment plus favorable; j'en parlai à la Reine, qui m'assura que ni le Roi ni elle n'avaient donné aucun fondement à cette nouvelle; mais elle m'ajouta que tôt ou tard cela arriverait sûrement, me promit de m'avertir à temps, et me conseilla d'être toujours prêt.

La persécution qui s'alluma vers Pâques de cette année (1791), et la détermination que le Roi fut contraint de prendre, me firent croire que je n'avais guère de choix qu'entre l'apostasie et le martyre : la première me faisait horreur; je ne me sentais pas grande vocation pour le second. Nous en raisonnâmes beaucoup, madame de Balbi et moi, et nous conclûmes qu'il y avait un troisième parti à prendre, qui était de quitter un pays où il allait devenir impossible d'exercer sa religion. Le temps pressait; nous étions au vendredi saint; le jour de Pâques était l'époque fatale. Nous convînmes de partir dans la nuit même, dans la voiture de madame de Balbi, elle, Madame, moi, et un quatrième. Ce n'était pas, comme on peut bien l'imaginer, la première fois que je songeais à mon compagnon de voyage, et ma première pensée avait été pour d'Avaray dont j'étais aussi sûr que de moi-même. Mais entouré et chéri d'une famille nombreuse, et qui vit dans la plus parfaite union, son évasion me semblait aussi difficile que la mienne. D'ailleurs (et ce fut là mon principal motif pour en choisir un autre) la délicatesse de sa santé me faisait craindre qu'il ne pût supporter les fatigues d'une pareille entreprise. Je jetai les yeux sur...... Mais pourquoi le nommer? Si cette relation passe sous ses yeux, il verra qu'un refus fondé d'ailleurs sur de très-bonnes raisons, c'est un hommage que je dois à la vérité, ne m'a pas fait oublier vingt années d'amitié; et je me plais à croire qu'il me saura gré de mon silence. Je partis pour les Tuileries, en laissant à madame de Balbi une espèce de lettre de créance pour lui, et j'allai instruire le Roi et la Reine de mon dessein. Occupés dès-lors de leur projet d'évasion, dont ils ne m'avaient pas communiqué le plan, et sur lequel ils ne m'avaient pas fait d'autres ouvertures que de me demander des matériaux qui n'ont servi à rien pour la déclaration que le Roi a publiée à son départ, ils craignirent que mon évasion à cette époque ne nuisît à la leur, et cherchèrent à m'en détourner. Ma raison fut peu ébranlée par leurs discours, mais mon cœur fut d'intelligence avec eux, et je cédai. Cependant madame de Balbi ayant éprouvé un refus de l'homme en question, se trouvait dans le plus cruel embarras, lorsque la Providence (car j'oserais défier l'incrédule le plus obstiné d'en accorder l'honneur au hasard) amena d'Avaray chez elle.

Ce n'était pas qu'il n'eût, depuis long-temps, le désir de faire ce qu'il a fait pour moi; qu'il n'eût même, quoiqu'avec modestie, fait pressentir plus d'une fois ce désir à madame de Balbi, et qu'il ne vînt souvent chez elle : mais il n'y venait pas ordinairement à cette heure, et je ne puis qu'attribuer à la Providence de l'y avoir conduit ce jour-là au moment où sa présence y était le plus nécessaire. Elle n'hésita pas à lui faire la proposition, et quoique ce fût une tâche pénible de n'être que l'agent, pour ainsi dire passif, d'un plan qu'il n'avait pas concerté, et qu'il n'eût pas le temps de prendre la moindre mesure ni pour lui-même ni pour moi, il n'hésita pas un instant à l'accepter. La seule peine qu'il éprouva fut de ce que j'en avais choisi un autre que lui. Il courut aussitôt rassembler pour moi, ce que le peu de temps qu'il avait lui permettait de rassembler; mais lorsqu'il revint au Luxembourg, ma résolution était déjà changée. Je n'appris non plus qu'en y arrivant le refus et l'acceptation qui avaient eu lieu en mon absence. Le premier m'étonna; il m'aurait peut-être affecté, si j'avais été moins touché de la seconde. J'éprouvai cependant un moment d'embarras en voyant d'Avaray; mais son amitié pour moi, le plaisir qu'il ressentait de m'en donner la preuve la plus éclatante, étaient si bien exprimés dans ce qu'il me dit, qu'il me fit bien vite oublier l'injustice que je lui avais faite en ne suivant pas ma première impulsion.

Je crois, avant de pousser plus loin ce récit, devoir prévenir un reproche que mes lecteurs sont en droit de me faire. Comment est-il possible que, connaissant une grande partie des liens que d'Avaray allait rompre pour moi, je ne lui aie témoigné aucune sensibilité à cet égard, et que, dans tout le cours de cette relation, je parle toujours de sa joie, comme si elle était pure et sans mélange d'amertume? Avant de me juger, je demande qu'on se mette à ma place. Ma captivité m'était devenue si insupportable, surtout dans les derniers temps, que je n'avais plus qu'une passion, le désir de la liberté : je ne pensais qu'à elle; je voyais tous les objets, s'il m'est permis de m'exprimer ainsi, à travers le prisme qu'elle mettait devant mes yeux. Ceux qui ont éprouvé les tourmens de la captivité, ou qui ont bien compris, par les récits des autres, de quelle nature sont ces tourmens, m'excuseront au moins, s'ils ne peuvent m'absoudre entièrement. D'Avaray lui-même m'a jugé ainsi; j'en ai pour garant certain sa tendre amitié pour moi; et si je peins la situation de son ame bien différente de ce qu'elle était en effet, c'est que je la peins, non telle qu'elle était, mais telle que je la voyais.

Cependant nous ne renonçâmes pas pour toujours à notre projet; mais, ayant du temps devant nous, nous nous mîmes à y réfléchir, et nous ne tardâmes pas à reconnaître qu'il était défectueux en plusieurs points, surtout en ce que nous comptions partir tous ensemble, et il fut arrêté, d'après l'avis de d'Avaray, que nous nous séparerions. Il se chargea d'avoir une diligence pour lui et moi. Il s'occupa également du déguisement qui m'était nécessaire; il me prit lui-même la mesure d'une perruque : mais comme il ne pouvait pas tout faire par lui-même, il me demanda si je ne pouvais pas lui donner quelqu'un pour l'aider. Je lui indiquai Peronnet, et je lui proposai, comme j'avais fait au mois de novembre précédent, de le mettre dans notre confidence. Il ne le voulut pas, et il se contenta de le charger, en ne lui disant que des choses assez vagues, des détails relatifs à mon habillement, se réservant de l'instruire davantage, par la suite, suivant le degré de confiance qu'il lui paraîtrait mériter.

D'un autre côté, il survint des choses qui nous inquiétèrent, soit que notre projet eût été un peu éventé, soit que tout simplement nos geôliers fussent devenus plus soupçonneux. Nous remarquâmes qu'on nous épiait avec plus de soin, et que M. de Romeuf, aide-de-camp de M. de La Fayette, venait de temps en temps se promener dans les cours du Luxembourg. Nous sûmes aussi que la ville de Valenciennes, par laquelle nous comptions passer, et qui jusque-là avait été une des plus tranquilles du royaume, était totalement changée; qu'on y arrêtait les voyageurs; qu'on les fouillait; que quelques personnes y avaient même été maltraitées. Voyant, par la première observation, qu'il nous serait difficile de partir de chez madame de Balbi, comme nous l'avions d'abord projeté, elle s'occupa, mais sans succès, à chercher une maison de campagne aux environs de Paris. Madame de Maurepas refusa de lui prêter sa maison de Madrid; M. d'Étioles, qui avait d'abord envie de louer sa maison à Neuilly, se rétracta; milady Kerry s'avisa de louer celle de madame de Boufflers à Auteuil, et les gens d'affaires du comte d'Artois refusèrent de prêter Bagatelle sans son autorisation, ou du moins sans celle de M. de Bonnières, qui pour lors était allé le trouver à Ulm. Cela ne laissait pas que de nous embarrasser. Cependant madame de Balbi s'était précautionnée, à telle fin que de raison, d'un passe-port en toute règle pour aller à Spa. Et dans l'hypothèse que le moment était prochain, elle avait songé à emprunter la maison de M. de Fontette qui donne sur le jardin du Luxembourg, et par où nous pouvions facilement sortir sans être aperçus. Elle reçut, à la fin de mai, des nouvelles qui l'engagèrent à aller passer quelques jours à Bruxelles. La Reine, à qui je demandai si elle avait quelques ordres à lui donner pour M. de Mercy, me demanda à son tour si elle comptait rester long-temps au Pays-Bas; et sur ce que je lui dis qu'elle n'y passerait que dix ou douze jours: *Tant mieux*, me dit-elle, *mais que cela ne soit pas plus long*. Elle partit le jour de l'Ascension (2 juin). Je comptais qu'elle reviendrait la veille de la

Pentecôte; mais au lieu de cela, je reçus une lettre d'elle, où elle me marquait que son retour était différé. On sent bien qu'en son absence d'Avaray ne s'oubliait pas, et pour ce qui regarde Madame, il est bon de dire ici, une fois pour toutes, que madame Gourbillon, sa lectrice, était chargée de tout, et qu'elle s'en est acquittée avec autant d'intelligence que de succès.

Le lundi de la Pentecôte, en revenant de la messe, la Reine me dit : « *Le Roi a donné l'ordre pour aller à* » *la procession de la Fête-Dieu*, à Saint- » Germain-l'Auxerrois ; ayez l'air d'en » être bien fâché. » Ce peu de mots me fit d'abord impression ; mais elle ne dura guère. Je restai jusqu'à jeudi sans revoir la Reine en particulier, et, ce jour-là, elle me déclara que le départ était fixé au lundi suivant. J'espérais que d'Avaray viendrait à mon coucher; mais son cabriolet ayant cassé, il n'y vint pas. Le vendredi matin, je lui écrivis de venir à six heures; il s'y rendit: « Faut-il graisser nos bottes? me dit-» il en entrant. — Oui, lui répondis-» je, et pour lundi. » Alors, nous entrâmes en détails et nous examinâmes trois points principaux : 1° La manière de sortir du Luxembourg; 2° celle de sortir de Paris; 3° la route que nous tiendrions pour sortir du royaume. Il était fort en peine du premier de ces points, parce qu'il ne connaissait pas tous les détails de mon appartement, et qu'il ne me croyait d'issue que par mon antichambre, ce qui était impossible; ou par le jardin, ce qui était fort difficile. Je le rassurai promptement, en lui faisant connaître ce que j'appelle mon petit appartement, et qui communique absolument avec le grand Luxembourg, où il n'y avait pas de garde nationale. (Je ne le lui avais pas fait connaître plutôt, parce que mon projet n'était pas d'en faire usage, comptant partir de chez madame de Balbi ou de la campagne.) Je ne peux pas m'empêcher de m'arrêter ici pour admirer comment, pendant plus de vingt mois que j'ai habité Paris, cette issue, qui était connue de plusieurs de mes gens, n'a pas même été soupçonnée par mes geôliers, et comment je ne l'ai pas fait connaître moi-même, en m'en servant, dans le temps de la plus forte persécution, pour aller à ma chapelle qui est au grand Luxembourg.

Cette difficulté levée, il en restait une autre, c'était la voiture dont nous nous servirions pour aller gagner celle du voyage; car, nous ne songeâmes même pas à faire venir celle-ci au Luxembourg. Un fiacre était bien ce qu'il y avait de plus sûr, mais ils n'entraient pas dans la cour du Luxembourg, et jamais d'Avaray ne voulut consentir, quelque bien déguisé que je pusse être, que je sortisse à pied. Il fallait donc choisir du carrosse de remise ou du cabriolet, et nous préférâmes le premier, parce que indépendamment de ce que je suis un peu trop lourd pour monter ou descendre facilement d'un cabriolet, il faut un homme pour le garder, et cela ne nous convenait pas. Ce point arrêté, nous agitâmes s'il valait mieux sortir de Paris avec des chevaux de louage, ou en poste, et nous nous décidâmes pour la poste : 1° parce que c'est la manière la moins suspecte de voyager ; 2° parce qu'en prenant des chevaux de louage, il aurait fallu placer des relais sur la route, ou demander un ordre pour avoir des chevaux de poste ; le premier parti eût été suspect, et le second eût pu l'être aussi ; et de plus, il ajoutait un rouage à une machine que nous pensions, avec raison, qu'on ne pouvait trop simplifier.

Enfin nous nous occupâmes de la sortie du royaume. Je pensais qu'il nous fallait un passe-port ; mais la difficulté était de l'avoir sans nous compromettre. Ma première idée fut d'envoyer chercher Beauchêne, médecin de mes écuries, qui avait des rapports avec M. de Montmorin et M. de La Fayette, et de lui dire que deux prêtres non sermentaires de ma connaissance, effrayés de ce qui venait si récemment de se passer aux Théatins, voulaient sortir du royaume, sous le nom de deux Anglais, et que je le chargeais de faire avoir un passe-port au bureau de M. de Montmorin. D'Avaray ne goûta pas cette idée; il me représenta que Beauchêne, qui est fin, pourrait avoir quelques soupçons de ce que nous avions tant d'intérêt de cacher, et j'abandonnai ce projet; mais d'Avaray, qui connaît beaucoup mylord Robert-Fitz Gerald, me dit qu'il tâcherait d'obtenir un passeport par son moyen. Quant à la route à tenir, mon premier projet était de passer par Douai et Orchies; mais après plus de réflexions, je résolus de faire passer Madame par cette route, comme la plus sûre, et je dis à d'Avaray que le lendemain nous arrêterions la nôtre.

En le quittant, je me rendis aux Tuileries, où la Reine me communiqua le projet de déclaration que le Roi avait préparé, et qu'il venait de lui remettre. Nous le lûmes ensemble; j'y trouvai quelques incorrections de style : c'était un petit inconvénient; mais, outre que nous trouvâmes la pièce un peu trop longue, il y manquait un point essentiel, qui était une protestation contre tous les actes émanés du Roi pendant sa captivité. Après le souper, je lui fis quelques observations sur son ouvrage: il me dit de l'emporter, et de le lui rendre le lendemain. Le samedi, je me mis, dès le matin, au travail le plus ingrat qui existe, qui est celui de corriger l'ouvrage d'un autre, et de faire cadrer les phrases que j'étais obligé d'intercaler, tant avec le style qu'avec le fond des pensées; la plume me tombait à chaque instant des mains; cependant j'en vins à bout, tant bien que mal. Pendant ce temps d'Avaray avait écrit à mylord Robert; il avait été chez son sellier, pour voir si la voiture était en bon état; et pour le tromper sans devenir suspect, il lui avait dit qu'obligé de partir pour son régiment, il voulait tromper ses parens sur son départ, et lui avait recommandé le secret, dont le prétexte était très-plausible. Il avait pris aussi avec Peronnet tous les arrangemens nécessaires pour mon habillement, et il était de retour chez moi à six heures.

Il était assez triste; mylord Robert avait répondu qu'il n'était plus en droit de donner des passe-ports, mais que mylord Gower n'en donnerait certainement à personne qui ne fût anglais; et d'autres moyens que d'Avaray avait employés, n'avaient pas eu plus de succès. Heureusement madame de Balbi lui avait laissé, en partant, un vieux passe-port qu'elle avait eu de l'ambassadeur d'Angleterre, sous le nom de M. et Mademoiselle Foster; mais ce passe-port, valable seulement pour quinze jours, était daté du 23 avril, et il était pour un homme et une femme, au lieu de deux hommes. Je ne croyais pas qu'il fût possible d'en tirer parti; mais d'Avaray, auquel il m'est bien doux de rendre le témoignage de dire qu'il n'était pas plus troublé des difficultés que si un jeune homme de ses amis l'avait prié de le mener au bal de l'Opéra à l'insu de ses parens; d'Avaray, dis-je, me fit bientôt voir que j'avais tort: il gratta l'écriture, et quoique ce qu'il grattait fût dans un pli, et que le papier fût mince, en moins d'un quart-d'heure le passe-port fut sous le nom de MM. et Mademoiselle Foster, et daté du 13 juin, au lieu du 23 avril. Cet obstacle vaincu, nous n'étions pas encore sans quelque embarras; nous ne savions pas s'il fallait ou non que le passe-port fût visé par le ministre des affaires étrangères, et nous n'étions pas d'avis d'en produire un dont, malgré toute l'adresse de d'Avaray, et l'encre qu'il avait abondamment répandue par derrière, non-seulement aux endroits grattés, mais encore ailleurs pour être moins suspect, la falsification pouvait se reconnaître. Nous résolûmes de nous en contenter, espérant qu'on ne serait pas surpris que deux Anglais, tels que nous avions résolu de le paraître, eussent cru qu'un passe-port de l'ambassadeur d'Angleterre fût suffisant, et que les municipalités qui viendraient à l'examiner, ne s'apercevraient pas de ses défauts.

Ensuite nous songeâmes à la route

que nous tiendrions. J'avais cédé celle d'Orchies à Madame. Je ne voulais pas de celle de Valenciennes, par les raisons que j'ai dites plus haut; nous nous arrêtâmes à celle de Mons par Soissons, Laon et Maubeuge, et voici les raisons qui nous déterminèrent: 1° Cette route était peu fréquentée, nous espérions y trouver plus facilement des chevaux; 2° jusqu'à Soissons, on pouvait croire que nous allions à Reims, et jusqu'à Laon que nous allions à Givet, ce qui pourrait dérouter ceux qui auraient couru après nous; 3° enfin les villes de guerre où la poste est dans l'intérieur de la ville, sont marquées sur le livre de poste d'une manière particulière. Or, d'après cette marque, la poste est dans Avesnes, et n'est pas dans Maubeuge, et nous calculâmes que d'après l'heure à laquelle nous partirions, nous passerions Avesnes avant les portes fermées; et que nous n'arriverions à Maubeuge qu'après leur fermeture; que nous n'y aurions affaire qu'au maître de poste, et que nous éviterions par-là les villes frontières que la faiblesse de notre passe-port nous faisait toujours un peu redouter.

Le soir, je portai mon travail aux Tuileries: je demandai à la Reine si elle croyait qu'un passe-port de l'ambassadeur d'Angleterre fût suffisant. Elle m'assura que le Roi lui-même n'en avait pas d'autre que du ministre de Russie, ce qui me tranquillisa beaucoup. (Je m'étais sans doute mal expliqué, car le passe-port sous le nom de madame la baronne de Korff, demandé à la vérité par monsieur de Simolin, avait été réellement expédié au bureau des affaires étrangères; mais la Reine n'avait aucune raison pour me tromper, et je ne rapporterais pas cette circonstance, si je ne m'étais promis de tout dire.) Cependant, l'ouvrage sur lequel le Roi m'avait ordonné de travailler, ne contenait encore que la première partie, c'est-à-dire les vices de la constitution. Il y manquait l'abrégé des outrages personnels que le Roi a soufferts depuis l'ouverture des états-généraux. Il m'ordonna de faire cet abrégé, et je le lui rapportai le lendemain au soir. On pourrait croire, d'après ce que j'ai rapporté plus haut et ce que je dis ici, que je suis l'auteur de la déclaration du 20 juin. Je dois à la vérité de déclarer que je n'en ai été que le correcteur; que plusieurs de mes corrections n'ont pas été adoptées; que tout ce qui l'a terminée a été ajouté depuis la fin de mon travail, et que je ne l'ai connue telle qu'elle est qu'à Bruxelles.

A cet ouvrage près, et à deux circonstances que je rapporterai ensuite, la journée du dimanche fut nulle pour moi; il n'en fut pas de même de d'Avaray. Il courut toute la journée, ne se montra qu'un moment au Luxembourg en public, comme nous en étions convenus la veille, et nous ne nous vîmes point en particulier. Cette visite publique, que nous avions regardée comme nécessaire, lui était fort incommode, et lui dérobait une partie du peu de temps qu'il s'était réservé à lui-même. De mon côté, il m'était pénible de le laisser confondu dans la foule, et de ne lui adresser qu'une de ces phrases insignifiantes dont les princes sont obligés de se servir lorsqu'ils tiennent leur cour; mais la prudence m'ordonnait d'être prince en ce moment, et je me promettais bien intérieurement que ce serait la dernière fois que je le serais avec lui.

Il avait déjà fait une demi-confidence à Sayer, son domestique anglais, pareille à celle qu'il avait faite au sellier, et il lui déclara qu'il partait le lendemain pour son régiment, en lui défendant d'en rien dire à ses parens, ni dans sa maison. Il lui ajouta qu'ayant cherché un compagnon de voyage, il avait eu le bonheur d'en rencontrer un qui était un bon garçon ; mais que, comme on avait en général plus de considération aux postes pour les étrangers que pour les Français, nous étions convenus de voyager sous le nom de MM. Michel et David Foster, Anglais. Enfin il lui fit faire la connaissance de Peronnet, sous le nom de Perron, valet de chambre de son camarade de voyage. Les noms de Michel et de David n'étaient pas pris sans raison : mon linge étant marqué M, et le sien D A, il jugea qu'en cas que l'on vînt à y regarder, il fallait que nos noms supposés correspondissent à ces marques.

Je reviens maintenant aux circonstances dont j'ai parlé plus haut. Le matin de ce même jour, je trouvai Beauchêne à la toilette de Madame ; et il me dit qu'un homme était venu trouver un nommé Audouin, un de ces journalistes qui font tous les jours débiter leurs poisons à deux sous dans Paris; qu'il lui avait apporté un plan d'évasion du Roi et de nous tous, en disant qu'il était sûr que ce plan avait été adopté aux Tuileries; qu'il l'avait prié de l'insérer dans sa feuille, et qu'il paraîtrait le lendemain. Cet avis m'inquiéta, on prétend même que je pâlis en le recevant. Je ne le crois pas; mais ce dont je suis sûr, c'est que je me remis assez promptement pour demander en riant à Beauchêne des détails sur ce prétendu plan; il m'en apprit dont la fausseté m'était si bien connue, que je vis bien que si l'on savait quelque chose, il s'en fallait bien qu'on sût tout, et je me rassurai entièrement. La seconde circonstance fut un billet en langage mystérieux que je reçus le matin de d'Avaray, qui se plaignait d'un verrou que j'avais mis. Je croyais être bien sûr qu'il n'y en avait pas à la porte de mon petit appartement qui donne dans le grand Luxembourg ; je courus m'en assurer, et voyant que j'avais raison, je résolus d'attendre le moment où je pourrais voir d'Avaray seul pour avoir le mot de l'énigme.

Le lundi matin, le bruit se répandit que la Reine avait été arrêtée dans la nuit, se sauvant dans un fiacre avec ma sœur : je ne m'en inquiétai guère ; mais, en y réfléchissant, je crus apercevoir deux choses dans ce bruit combiné avec ce que m'avait dit Beauchêne : la première, que nos geôliers avaient de l'inquiétude ; la seconde, que ce n'était encore qu'une inquiétude vague : j'en conclus que nous aurions encore le temps de nous sauver, mais que le moment était bien choisi, et que si nous le laissions échapper, il ne reparaîtrait plus. J'eus bientôt une autre alarme. Madame de Sourdis venant chez Madame pour la suivre à la messe, on lui refusa la porte du petit Luxembourg ; mais j'appris bientôt que c'était une bêtise du suisse. Cela me rassura, et j'attendis d'Avaray pour avoir l'explication de son billet. Cependant je fis réflexion qu'il serait peut-être à propos de noircir un peu mes sourcils pour mieux déguiser ma figure, et en conséquence je mis, à dîner, dans ma poche, un bouchon de liége que je destinai à cet usage.

D'Avaray se fit attendre jusqu'à près de sept heures, et j'avoue que le temps me parut long; car, indépendamment de l'inquiétude que j'avais pour lui toutes les fois que j'en étais séparé, et des derniers arrangemens qui nous restaient à prendre, c'était le seul être à qui je pusse parler de l'objet qui occupait toutes mes pensées. Il m'expliqua ce que c'était que le verrou dont il s'était plaint, en me disant que Peronnet, à qui il avait confié la clef du petit appartement, étant venu pour y déposer tout mon costume de voyage, n'avait pas pu y entrer, et qu'il avait cru qu'il y avait un verrou. Nous y courûmes aussitôt, et ayant trouvé le paquet, nous vîmes que Peronnet était entré ; ensuite nous essayâmes la clef dans la serrure, et nous nous assurâmes qu'elle allait bien. Nous nous mîmes ensuite à faire l'inventaire du paquet, que nous trouvâmes bien complet. J'essayai les bottes, qui m'allèrent bien ; nous plaçâmes tout par ordre dans l'endroit où j'avais résolu de faire ma toilette. D'Avaray me promit d'y être à onze heures précises ; nous nous embrassâmes de bien bon cœur, et nous nous séparâmes pour ne plus nous revoir qu'au moment de l'exécution. (Il y a, dans tous les soins que d'Avaray s'est donnés, une infinité de détails que lui seul sait bien, parce que lui seul a tout fait ; je les laisse à sa relation, que je suis bien sûr qui sera exacte en ce point, mon objet n'étant que de rapporter ce que j'ai fait ou vu, et surtout d'empêcher qu'il ne se rende pas justice sur des points essentiels.)

En sortant de chez moi, d'Avaray fut acosté par un homme que je crois, sur le signalement qu'il m'en a donné, être Desportes, mon huissier du cabinet, qui lui dit qu'il avait quelque chose de pressé et d'important à lui dire. Il le mena dans le corridor qui conduit du petit au grand Luxembourg, et là cet homme, après un long préambule d'attachement pour le Roi et pour moi, lui dit qu'un de ses amis, homme très-digne de foi, lui avait confié qu'on était venu lui emprunter de l'argent pour faciliter l'évasion de toute la famille royale, qui devait avoir lieu dans la nuit même; qu'il croyait devoir lui donner cet avis, et qu'il le priait de vouloir bien rentrer sur-le-champ pour me le donner aussi. D'Avaray ne se démonta pas; il lui dit que c'était un des mille et un projets d'évasion et de contre-révolution, dont on berçait le public depuis un an; mais l'autre insista, et il ne put s'en débarrasser qu'en lui promettant de m'en parler le soir même à mon coucher, ou tout au plus tard le lendemain. Cependant il crut la chose assez sérieuse pour m'en avertir; il rentra par mon petit appartement, et vint frapper à la porte de mon cabinet; mais ce fut en vain, j'étais déjà parti pour les Tuileries. Alors il agita en lui-même s'il ne ferait pas mieux d'y aller aussi, et d'y faire demander, soit la première femme de chambre de la Reine, soit moi-même, pour instruire la Reine ou moi de ce qu'il venait d'apprendre; mais il fit réflexion que cela pourrait faire événement, d'autant plus que s'abstenant depuis long-temps d'aller dans le monde, afin d'éviter les questions, on serait surpris de le voir aux Tuileries, et que d'ailleurs les choses étaient si avancées qu'il n'y avait plus moyen de reculer. Toutes ces considérations le portèrent à garder l'avis pour lui tout seul, à ne pas même m'en parler avant que nous fussions en sûreté, et à remettre le succès entre les mains de la Providence.

J'avais une impatience d'autant plus grande d'arriver aux Tuileries, que je savais que ma sœur devait enfin, depuis l'après-midi du même jour, être instruite du secret qu'il me coûtait de lui garder depuis si long-temps. Je la trouvai tranquille, soumise à la volonté de Dieu, satisfaite mais sans explosions de joie, aussi calme en un mot que si elle eût été instruite du projet depuis un an. Nous nous embrassâmes bien tendrement; ensuite elle me dit: « Mon frère, vous avez de la religion, permettez-moi de vous donner une image, elle ne peut que vous porter bonheur. » Je l'acceptai, comme on peut bien le croire, avec autant de plaisir que de reconnaissance. Nous causâmes quelque temps de la grande entreprise; et sans me laisser aveugler par ma tendresse pour elle, je dois dire qu'il est impos-

sible de raisonner avec plus de sang-froid et de raison qu'elle le fit; je ne pouvais pas m'empêcher de l'admirer. Je descendis chez la Reine, que j'attendis quelque temps, parce qu'elle était enfermée avec les trois gardes-du-corps qui lui ont donné, ainsi qu'au Roi, la dernière et malheureuse preuve de leur zèle; enfin elle parut, je courus l'embrasser : « Prenez garde de m'at-
» tendrir, me dit-elle, je ne veux pas
» qu'on voie que j'ai pleuré. » Nous soupâmes et nous restâmes tous les cinq ensemble, jusqu'à près de onze heures. Quand le moment de la séparation fut venu, le Roi, qui jusque-là ne m'avait pas fait part du lieu où il allait, m'appela, me déclara qu'il allait à Montmédy, et m'ordonna positivement de

me rendre à Longwy, en passant par les Pays-Bas autrichiens. Enfin nous nous embrassâmes bien tendrement, et nous nous séparâmes très-persuadés, au moins de ma part, qu'avant quatre jours nous nous reverrions en lieu de sûreté.

Il n'était pas onze heures quand je sortis des Tuileries, et j'en étais bien aise, parce que j'espérais que le duc de Lévis, qui me reconduisait ordinairement les soirs, ne serait pas encore arrivé; je le désirais pour deux raisons : 1° Parce que je ne me souciais pas qu'on fît des questions qui, tout éloignées qu'elles fussent, auraient pu m'embarrasser; 2° parce que j'étais dans l'usage de causer assez long-temps avant que de me coucher, et que je craignais, en me couchant tout de suite comme cela était nécessaire, de lui donner quelques soupçons. Mon attente fut trompée ; il me fit même remarquer une exactitude dont je l'aurais volontiers dispensé. Je me possédai cependant, et je causai tranquillement avec lui tout le long du chemin. En arrivant chez moi je commençai à me déshabiller ; il en parut surpris. Je lui dis que j'avais mal dormi la nuit précédente, et que je voulais m'en dédommager. Il se paya de cette raison ; j'achevai ma toilette, et je me mis au lit. Avant d'aller plus loin, il est bon d'observer que mon premier valet de chambre couchait toujours dans ma chambre, ce qui semblait être un obstacle à ma sortie, à moins de le mettre dans ma confidence. Mais je m'étais assuré, par une répétition faite deux jours auparavant, que j'avais beaucoup plus de temps qu'il ne m'en fallait pour me lever, allumer de la lumière et passer dans mon cabinet, avant qu'il fût déshabillé et revenu dans ma chambre.

A peine était-il sorti, je me levai, je refermai les rideaux de mon lit, et ayant pris le peu d'effets que je voulais emporter, j'entrai dans mon cabinet dont je refermai la porte; et dès-lors, soit pressentiment, soit juste confiance en d'Avaray, je me crus hors du royaume. Je mis dans les poches de ma robe de chambre trois cents louis que j'emportai avec moi, et j'entrai dans le petit appartement où d'Avaray m'attendait, après avoir eu une rude alarme; car, en y entrant, la clef avait refusé de tourner dans la serrure. Mille idées, pires les unes que les autres, lui avaient passé par la tête; enfin il avait essayé de tourner en dedans, et c'était précisément le sens de la serrure. Il m'habilla, et quand je le fus, je me souvins que j'avais oublié ma canne et une seconde tabatière que je voulais aussi emporter. Je voulais les aller chercher. Point de témérité! me dit-il. Je n'insistai pas davantage. L'habillement m'allait fort bien, mais la perruque était un peu trop étroite. Cependant, comme elle allait tant bien que mal, et que j'étais résolu, dans toutes les occasions un peu importantes, à garder sur ma tête un grand chapeau rond, garni d'une large cocarde tricolore, cet inconvénient ne nous fit pas grand'chose. En traversant le petit appartement, d'Avaray me dit qu'il y avait, dans la cour du grand Luxembourg, une voiture de remise pareille à la nôtre, qui l'inquiétait. Je le tranquillisai en lui apprenant que c'était celle de Madame. Cependant, lorsque nous fûmes sur l'escalier, il me dit d'attendre, et il alla voir si elle y était encore. Ne l'ayant plus trouvée, il revint en me disant : « *Come along With* » *me.—J am ready*,» lui répondis-je, et nous allâmes prendre la voiture qui était un vis-à-vis. Le hasard fit qu'en y entrant je me plaçai sur le devant. « Quoi! des complimens? me dit-il. Ma foi, lui répondis-je, m'y voilà. » Il n'insista pas; et ayant ordonné au cocher de nous mener au Pont-Neuf, nous sortîmes ainsi du Luxembourg. La joie de me voir échappé à mes geôliers, joie que d'Avaray partageait bien sincèrement, tournait toutes nos idées du côté de la gaieté; aussi notre premier mouvement, après avoir passé la porte, fut-il de chanter un couplet de la parodie de Pénélope, qui dit: « Ça va bien, ça prend bien, ils ne se doutent de rien. » Nous rencontrâmes, dans les rues, du peuple et une patrouille de garde nationale. Personne ne s'avisa de venir seulement regarder s'il y avait quelqu'un dans la voiture. Auprès du Pont-Neuf, d'Avaray dit au cocher de nous mener aux Quatre-Nations; nous rencontrâmes notre voiture qui nous attendait entre la Monnaie et les Quatre-Nations, dans l'espèce de petite rue qui forme les angles de ces deux bâtimens. Le cocher, qui y avait déjà débarqué d'Avaray dans l'après-midi du même jour, crut que c'était là où nous allions, et voulut s'arrêter; mais d'Avaray lui dit d'aller vis-à-vis du collége, et ce fut là que nous sortîmes de voiture. Le cocher demanda si nous étions contens? « Très-contens, répondit d'Avaray, je me servirai peut-être de vous après-demain. » Nous reprîmes à pied le chemin de la voiture de voyage; d'Avaray m'avertit de prendre garde de dandiner en marchant. Enfin nous la joignîmes; j'y montai le premier; ensuite Sayer, enfin d'Avaray. Peronnet monta à cheval; nous prîmes l'accent anglais pour dire d'aller au Bourget, et nous partîmes.

En arrivant au Pont-Neuf, nous fûmes passés par deux voitures en poste, ce qui commença à déplaire à d'Avaray; mais ce fut bien pis, quand, après avoir changé de chemin pour les éviter, elles nous repassèrent à la porte Saint-Martin, et qu'il vit qu'elles prenaient la même route que nous : il ne pouvait pas douter que ce ne fût quelqu'un de ma famille, et il pestait en lui-même contre les princes, qui, faute de s'entendre, font manquer les plus beaux arrangemens du monde; car il jugeait avec raison que si nous continuions à allez ainsi de conserve, outre que nous nous ferions manquer de chevaux les uns aux autres, cela serait suspect, que nous serions infailliblement arrêtés. Je ne partageais pas ses inquiétudes, sachant très-bien que c'était Madame, et que, passé le Bourget, nous n'avions plus rien à craindre; mais je ne pouvais pas m'expliquer devant un homme qui n'était pas dans notre secret. Heureusement, d'Avaray ne parlait que du manque de chevaux, et je lui représentai qu'il faudrait bien du malheur, si ces voitures allaient précisément à Soissons, puisque la route que nous tenions était aussi celle de Flandre, de Metz et de Nancy. Quand nous eûmes croisé le chemin de Châlons, ses inquiétudes et ses impatiences redoublèrent; alors je crus devoir lui en dire un peu davantage, et prenant un ton prophétique, j'affirmai positivement que ces deux voitures allaient à Douay. Cela commença à le calmer pour la conserve; mais voulant gagner du temps, il offrit six francs au postillon, pour passer les deux voitures : cela nous réussit un moment, mais elles nous repassèrent bientôt, et nous arrivâmes ensemble au Bourget. Alors d'Avaray fit descendre Sayer, sous prétexte d'aller voir qui était dans ces voitures, et, restés seuls, je lui expliquai clairement ce que je n'avais pu lui dire qu'en termes ambigus, ce qui acheva de le tranquilliser. Le jour nous prit auprès de Nanteuil; alors Sayer monta à cheval, Peronnet le remplaça dans la voiture : il tira de sa poche mes diamans qu'il avait emportés, et nous les cachâmes entre le dossier de la voiture et la doublure que nous recollâmes par-dessus. Je pris aussi le bouchon de liége dont j'ai parlé plus haut, que d'Avaray avait eu soin de noircir, et je me peignis les sourcils, sans caricature, mais de manière à me rendre absolument méconnaissable; de plus je pris le parti de faire semblant de dormir à toutes les postes, du moins jusqu'à ce que nous fussions éloignés de Paris. J'avais la prétention (et effectivement je ne me suis pas trompé une seule fois) de prédire en partant de chaque poste, sur la mine des postillons, s'ils nous mèneraient bien ou mal. Nous avions été à merveille jusqu'à Verte-Feuille; mais là j'assurai que nous irions fort mal jusqu'à Soissons, et je ne me trompai pas. Pendant cette poste, d'Avaray me parla du projet qu'il avait de donner la démission de son régiment: je n'étais pas trop de cet avis, mais je me rendis à ses raisons; ensuite il me dit qu'il avait envie de l'envoyer de Soissons à M. du Portail : je le plaisantai sur l'endroit, en lui demandant s'il croyait y avoir plus de temps qu'aux autres postes; je ne voulais pas trop non plus qu'il l'adressât à M. du Portail, sachant que le roi devait avoir congédié tout son ministère en partant: mais comme il m'ajouta qu'il comptait la dater du 18 juin, je n'eus plus rien à répliquer. Cependant le postillon ne justifiait que trop l'augure que j'avais tiré de lui, car il est impossible de mener plus mal. Aussi nous conclûmes qu'il était sûrement président du club des jacobins de Soissons. Mais quoique je plaisantasse ainsi, j'avais une véritable inquiétude: depuis quelques lieues, je m'étais aperçu que j'avais laissé à Paris l'image que ma sœur m'avait donnée, et, sans être plus dévot qu'un autre, cette perte me tourmentait réellement et me faisait bien plus de peine que celle de ma canne et de ma tabatière.

En arrivant à Soissons, on nous annonça qu'une des bandes de la petite roue gauche était cassée; cela nous déplut fort, mais ce fut bien pis un moment après, lorsqu'en examinant davantage la roue, on découvrit que non-seulement la bande était cassée, mais que la jante l'était aussi. D'Avaray ne témoigna rien, mais je voyais parfaitement ce qui se passait dans son ame. Non moins inquiet que lui, je tâchais aussi de me maîtriser. Vraisemblablement j'y réussis, car il m'a assuré depuis que la sécurité qu'il me voyait lui avait rendu la sienne. On nous proposa de refaire une nouvelle jante; nous demandâmes combien il faudrait de temps pour cette opération, on nous répondit qu'il faudrait environ deux heures et demie. Peu au fait du charonnage et par conséquent des autres ressources que nous pouvions avoir, j'envisageais cette perte de temps avec d'autant plus de peine, qu'il était huit heures et demie, que notre évasion devait être sue à Paris, et que chaque instant de retard nous faisait perdre une partie de l'avance que la nuit nous avait procurée. Mais d'Avaray, qui, comme je l'ai dit, avait repris son sang-froid, imagina un autre expédient, qui était d'attacher la jante avec un double lien de fer, et on consentit à l'adopter. Pendant le temps que dura cet ouvrage, il écrivit d'abord sa lettre à M. du Portail, qu'il renferma dans une autre qu'il adressa à M. de Sourdis, son beau-frère; ensuite il alla faire dépêcher le maréchal : resté seul, je m'avisai de regarder dans son porte-feuille qu'il avait oublié dans la voiture, et j'y trouvai, avec autant de surprise que de joie, l'image que je croyais avoir laissée à Paris; mais ce qui acheva de combler ma surprise, ce fut qu'il m'assura depuis, qu'en ouvrant son porte-feuille, il n'avait pas moins été surpris que moi de l'y trouver, ne se souvenant nullement de l'y avoir mise. Le maître de poste était auprès de la voiture, et me fiant avec raison à mon accent anglais, je causai assez long-temps avec lui, sans qu'aucun geste, aucun mouvement de sa part pût me faire craindre qu'il soupçonnât seulement qui j'étais : enfin notre roue fut raccommodée; on nous assura qu'elle pouvait encore faire 12 ou 15 lieues. Ce n'était pas, à beaucoup près, notre compte, car nous en avions encore 32 à faire jusqu'à Mons : mais, nous fiant un peu à notre bonne fortune, nous ne nous inquiétâmes pas beaucoup et nous partîmes. Mais avant d'aller plus loin, il faut que je raconte un danger auquel nous échappâmes sans le savoir, et qui était certainement le plus grand que nous ayons couru.

M. de Tourzel était parti de Paris le jeudi ou le vendredi; et pour ne donner aucun soupçon, il était allé passer deux jours à Haute-Fontaine, chez M. l'archevêque de Narbonne. Son domestique, qui ne se souciait pas trop de sortir de France, imagina, étant ivre, d'aller le dénoncer au club des jacobins d'Attichy, qui est très-près de Haute-Fontaine, comme un aristocrate qui allait en pays étranger pour faire une contre-révolution. Aussitôt le club fit passer à tous ceux des villes voisines, et notamment à celui de Soissons, l'avis d'arrêter tous les voyageurs. Ensuite les chefs se mirent à la tête d'une soixantaine de gardes nationaux, et allèrent à Haute-Fontaine pour s'assurer de M. de Tourzel; mais ayant vu que c'était un jeune homme, qui a même l'air d'un enfant, et qui voyageait modestement dans un cabriolet, ils méprisèrent l'avis du domestique, et laissèrent aller le maître. Vraisemblablement ils donnèrent aussi contre-ordre aux clubs voisins, sans quoi nous aurions infailliblement été arrêtés. Mais, malgré cela, je n'ai pas tort de dire que c'est le plus grand danger que nous ayons couru; et si je l'avais su, nous aurions certainement passé par une autre route.

La poste de Vaurains, qui est entre Soissons et Laon, est une maison isolée, et il n'y a absolument que les gens de la poste qui étaient tous occupés à leurs chevaux. L'occasion me parut si belle pour mettre pied à terre, et me dégourdir un peu les jambes, que j'en fis sur-le-champ la motion; mais d'Avaray s'y opposa avec tant de fermeté, que je fus obligé de céder. Alors je proposai de déjeuner; nous avions un pâté et du vin de Bordeaux; mais nous avions oublié d'avoir du pain. Aussi, en mangeant la croûte avec le pâté, nous songeâmes à la reine Marie-Thérèse, qui répondit un jour que l'on plaignait devant elle les pauvres gens qui n'ont pas de pain : « Mais, mon Dieu, que ne mangent-ils » de la croûte de pâté? » D'Avaray eut alors la plus belle invention du monde, qui fut de reprendre Sayer avec nous, et d'envoyer Peronnet en avant avec la mesure de notre jante pour en faire faire une pareille en cas que le lien de fer ne fût pas suffisant, afin d'éviter le danger d'attendre deux heures comme nous venions de l'échapper. Sayer nous apprit en chemin que tout le monde était bien persuadé que nous étions véritablement Anglais; ce qui nous fit grand plaisir. Il ajouta que l'on lui disait partout que nous allions à Bruxelles. Si nous avions passé pour Français, cette opinion nous aurait fort déplu; mais passant pour Anglais, elle nous devenait indifférente. D'Avaray le voyant en train de causer, le mit sur les affaires du moment, dont il parla fort librement, et entre autres choses, il m'en dit une qui m'a bien frappé depuis, c'est que l'on commençait à traiter le Roi de fou (il est bon d'observer que Sayer parle mal français, et que le mot anglais *fool*, qu'il avait sûrement en vue, signifie encore bien autre chose que fou). Il fit aussi une réflexion dont la justesse me frappa, c'est qu'on ne peut pas dire qu'il y ait véritablement d'aristocrates ni de démocrates, parce que l'homme qui ne possède que *six pences*, ce fut l'expression dont il se servit, traite d'aristocrate celui qui possède un schelling. Cependant Peronnet était arrivé trois grands quarts-d'heure avant nous à Laon; mais le charron était monté à la ville, et n'était pas revenu quand nous arrivâmes. Nous fîmes scrupuleusement examiner notre roue, et nous étant assurés qu'elle était en bon état, nous continuâmes notre route sans songer davantage à faire faire une nouvelle jante.

Il est impossible d'être plus mal menés que nous le fûmes depuis Vaurains, mais surtout depuis Laon jusqu'à la Capelle. Je commençais à craindre que nous ne pussions pas arriver à Avesnes avant les portes fermées, et je méditais de passer par Landrecy où la poste est hors de la ville; cela nous aurait à la vérité allongés de quatre lieues; mais cet inconvénient était bien peu de chose, comparé à celui de rester tout-à-fait; mais l'inquiétude que la lenteur des postillons me donnait fut bientôt absorbée par une plus cruelle. D'Avaray qui, depuis quelque temps, était devenu sérieux et taciturne, de gai et parlant qu'il avait été tout le long du chemin, m'avoua enfin, entre Marle et Vervins, qu'il crachait le sang, et je n'en vis que trop la preuve dans son mouchoir dont je me saisis par une espèce de mouvement machinal, aussitôt qu'il m'eut fait cet aveu. Qu'on se figure un peu ce qui se passa dans mon ame; je ne pouvais pas douter que ce ne fussent les peines d'esprit et de corps qu'il s'était données pour préparer notre départ, jointes à la nuit qu'il venait de passer blanche, et à la fatigue du voyage, qui ne lui eussent valu cet accident. Je savais que lorsqu'il en avait, ils lui duraient plusieurs jours, et j'ai assez de connaissances en médecine pour savoir qu'en pareil cas le repos absolu est le premier et le plus indispensable de tous les remèdes. Dieu m'est témoin que s'il n'eût couru, en cas d'arrestation, plus de dangers que moi, rien au monde ne m'aurait fait faire un pas de plus; mais je ne l'avais que trop, cette cruelle certitude; ainsi, de toutes façons, je me voyais l'assassin de celui que j'aimais d'amitié, avant de l'aimer de reconnaissance, et qui me donnait, en ce moment même, la preuve d'une amitié fidèle et courageuse. Quelques efforts que je fisse sur moi-même, mon ame ne se peignait que trop sur mon visage; il s'en aperçut, et oubliant ce qu'il souffrait, surmontant le trouble qui est propre aux accidens de cette espèce, il ne s'occupa plus qu'à me consoler, à me rassurer pour lui, en me disant que ce n'était rien, que cela ne venait que d'un peu d'échauffement, et qu'il sentait que cela allait se passer. Je n'écoutais plus ce qu'il me disait, je m'étais tourné vers Dieu, je le priais avec une ardeur que je n'aurais sûrement jamais eue en le priant pour moi; enfin, je n'ose pas croire que mes vœux aient été exaucés, mais ce qu'il y a de sûr, c'est que le crachement de sang s'arrêta et n'a plus reparu. Je peindrais bien mal ce que j'éprouvai au premier crachat entièrement blanc que je vis dans son mouchoir que j'examinais à chaque instant. Les cœurs froids et insensibles trouveront sans doute ces détails ignobles, peut-être même dégoûtans; mais ce n'est pas pour eux que j'écris, et les cœurs sensibles en jugeront autrement.

En arrivant à la Capelle, nous demandâmes à foi et à serment, à la maîtresse de poste, si nous arriverions à Avesnes avant les portes fermées. Elle nous assura que nous pourrions non-seulement entrer, mais même sortir, ce qui nous fit grand plaisir, car nous étions bien assurés que nous n'avions que cet endroit à craindre. Bientôt j'entendis une dispute s'élever entre elle et Peronnet, qui descendait à chaque poste pour payer, et en voici le sujet: nous courions à trois chevaux que nous payions généreusement 30 sous. Elle prétendait (et en cela elle avait raison), que comme nous étions trois dans la voiture, nous devions payer quatre chevaux. Peronnet soutenait le contraire, et elle menaçait de nous donner quatre chevaux et deux postillons. Il nous parut plaisant de jouer un moment notre vie contre dix sous, car il n'y a que cette différence entre trois chevaux à trente sous et quatre à vingt-cinq sous. D'Avaray lui dit que c'était parce que nous étions étrangers qu'elle nous traitait ainsi. « Non, dit-elle, je

» serais en droit de vous en mettre six
» si je le voulais.—Eh bien! lui répon-
» dis-je (certain par les rires que tous
» les postillons à qui j'avais parlé
» avaient faits de mon accent, qu'on me
» prenait pour un véritable Anglais),
» mette six chevaux, je paye que
» cinq. » Elle se mit à rire. Alors, m'a-
dressant très-sérieusement à Peronnet :
« M. Perron, lui dis-je, paye ce que
» Madame demande; il ne sera pas dit
» que Michel Foster, il ait une dispute
» avec une dame pour l'intérêt. » Le
ton que je prenais, le sérieux, les
gestes, l'accent, enfin mille choses
qu'on ne peut écrire, rendaient cette
scène la plus plaisante du monde; mais
nous n'avions garde de rire. Nous nous
informâmes quel était le régiment en

garnison à Avesnes. On nous dit que c'était celui de Vintimille. Cela déplut à d'Avaray, qui précisément avait donné à dîner, deux ans auparavant, aux officiers de ce régiment. Il fut convenu qu'il se tapirait le plus qu'il pourrait dans la voiture, et nous partîmes. En chemin, le soleil, qui n'avait pas paru de toute la journée, se fit voir assez pour m'obliger de lever la jalousie pour m'en garantir. Cette circonstance paraît peu importante; mais on verra bientôt les conséquences qu'elle eut.

On nous demanda, suivant l'usage, à la porte d'Avesnes nos noms, et si nous restions dans la ville : nous répondîmes que nous étions deux Anglais, et que nous passions notre chemin. Nous présentâmes nos passe-ports, qu'on ne regarda seulement pas, et nous arrivâmes à la poste; mais Sayer, qui était extrêmement las, et auquel tout le monde, et surtout un Anglais qui se trouva là par hasard, avait persuadé que c'était folie à nous d'aller plus loin, ne pouvant pas espérer d'entrer dans Maubeuge, s'était laissé aller à ces conseils, et n'avait pas commandé de chevaux. Nous en demandâmes aussitôt; mais il fallut les attendre un gros quart-d'heure, placés entre la poste et le café militaire qui était rempli d'officiers. Heureusement la jalousie dont j'ai parlé plus haut nous garantissait du côté du café, et les officiers eurent même l'attention d'empêcher plusieurs bourgeois de venir regarder dans la voiture; mais je n'en voyais pas moins tout ce que souffrait d'Avaray, partagé entre l'inquiétude que lui causait notre position, et la colère contre Sayer qui nous y avait mis : je tâchai à mon tour de le calmer, et j'en vins facilement à bout. Enfin nous partîmes, et dès que nous fûmes hors de la ville, nous chantâmes de bon cœur : « La victoire est à nous. »

Le postillon qui nous menait, allait bon train, et paraissait être ce qu'on appelle un gaillard bien déterminé; mais nous remarquâmes avec un peu de peine qu'il regardait souvent derrière lui. Enfin il s'arrêta et nous demanda où nous voulions qu'il nous menât. « A la poste, lui dis-je. — Bon, » me répondit-il, la poste est une mau- » vaise auberge; je vous mènerai au

» Grand-Cerf, où vous serez bien. —
» Mais, lui dis-je, il n'est pas ques-
» tion d'être bien ou mal, nous ne
» voulons pas coucher à Maubeuge. —
» Et où voulez-vous donc aller? me
» demanda-t-il. — A Mons, répondis-
» je. — A Mons, reprit-il en riant,
» ah! vous n'y arriverez pas d'aujour-
» d'hui. — Et pourquoi? lui deman-
» dai-je à mon tour. — Parce que
» c'est tout au plus, me répondit-il,
» si on ouvre les portes pour entrer,
» et qu'on ne vous les ouvrira sûre-
» ment pas pour ressortir. — Mais, lui
» dis-je, que nous font les portes ou-
» vertes ou fermées, puisque la poste
» n'est pas dans Maubeuge? — Elle y
» est depuis six mois, me répondit-il.
» — Comment, lui dis-je, est-ce qu'il

» n'y a pas un chemin pour tourner
» la ville? — Si fait, me répondit-il.
» — Eh bien ! mon ami, ajoutai-je,
» comme nous sommes fort pressés,
» et que vos chevaux sont bons, est-
» ce que vous ne pourriez pas nous
» faire tourner la ville et doubler la
» poste ? nous vous paierons bien. —
» Moi ! s'écria-t-il, je ne le ferais pas
» pour toute chose au monde. »

Ce peu de mots me fit voir toute l'horreur de notre situation; ne voyant plus aucune espérance, je ne songeai plus qu'à me résigner au sort que je ne prévoyais que trop. Mon sacrifice était aisé à faire; celui de d'Avaray seul me déchirait l'ame. Mais lui, toujours aussi calme que s'il n'y avait pas eu le moindre danger, il prit la parole en mauvais français, mais avec une éloquence que je n'essayerai pas même d'imiter, et il dit au postillon que nous étions extrêmement pressés d'arriver à Mons, parce que nous avions laissé sa sœur, qui était ma cousine, une fille charmante que nous aimions tous les deux de tout notre cœur, bien malade à Soissons; que le seul médecin en qui elle eût confiance était à Mons; que si nous perdions du temps pour le ramener, sa sœur était morte, et nous les plus malheureux du monde; enfin que s'il nous passait, il lui donnerait une guinée, deux guinées, trois guinées. Cette harangue, jointe à la promesse de trois guinées, produisit un effet merveilleux sur le postillon. Il réfléchit un moment; puis il nous dit : Eh bien! je vous passerai; cependant l'instant d'après il nous proposa, non pas d'entrer dans Maubeuge, mais d'en faire sortir les chevaux. Nous lui fîmes sentir que cela serait aussi difficile; enfin il nous dit qu'il ne connaissait pas bien le chemin dans le faubourg, mais qu'il prendrait un guide ; nous reprîmes Sayer dans la voiture, en faisant monter Peronnet à cheval, pour veiller sur le postillon, et nous repartîmes.

Aussitôt que nous fûmes dans le faubourg, le postillon s'arrêta et descendit dans un bouchon pour se rafraîchir, et demanda un guide. Des femmes qui s'y trouvèrent et auxquelles il fit partager l'attendrissement que lui causait notre prétendue situation, lui dirent qu'il ne pouvait pas passer. « Pourquoi donc ? » demanda-t-il, est-ce que le Pont-Rouge

» n'existe plus ? — Si fait, répondit » une des femmes, mais c'est qu'on » fait des travaux à la nouvelle Sam- » bre ; on dit qu'ils y ont mis trois » cents ouvriers, il y a des fossés dont » vous ne vous tirerez jamais. — » Faites-moi seulement venir un guide, » c'est tout ce qu'il me faut. » La femme qui lui avait parlé, alla chercher son frère qui était précisément un des travailleurs ; il offrit de nous mener jusqu'au fossé, mais il confirma ce que sa sœur avait dit de l'impossibilité de le passer. « Quand ce serait le diable, » s'écria le postillon, j'y passerai ; » prenez une lanterne et conduisez- » moi. » Ce colloque, comme on peut bien le croire, ne nous faisait aucun plaisir ; mais la résolution que le postillon témoignait nous rassurait.

Nous voilà donc à travers champs, à cent pas des remparts d'une ville de guerre, à peu près sûrs d'être arrêtés, s'il y avait une sentinelle qui vît notre lanterne et qui sût son métier; nous nous serions volontiers abonnés qu'on nous tirât à mitraille du haut des remparts, à condition qu'on ne sortirait pas. Arrivés au fossé, je voulais le passer à pied; le postillon ne le voulut pas; il mit pied à terre, alla reconnaître le fossé, trouva un endroit où, quoique profond, il n'était pas large, remonta à cheval et nous passa avec toute l'adresse imaginable; le guide nous conduisit encore tant que nous fûmes dans les champs, ne nous quitta qu'au grand chemin, et nous prîmes enfin celui de

Mons avec la certitude absolue d'y arriver sans obstacle.

Avant de me livrer à ma joie, je remerciai Dieu du recouvrement de ma liberté; ensuite, je voulus m'en réjouir avec d'Avaray; comme nous n'étions pas encore hors de France, il voulut arrêter mes transports, à cause de Sayer qui ne me connaissait pas encore; mais ce dernier dormait profondément sur mon épaule, et d'Avaray lui-même était trop content pour ne pas se laisser entraîner par moi. Je commençai par me saisir de ma maudite cocarde tricolore, et lui adressant ces vers d'Armide :

Vains ornemens d'une indigne mollesse, etc.

je l'arrachai de mon chapeau. (J'ai prié d'Avaray de la conserver soigneusement, comme Christophe Colomb voulut conserver ses chaînes.) Ensuite nous agitâmes ce que nous ferions en arrivant à Mons, que nous croyions encore place de guerre, et dont nous supposions que les portes seraient fermées. Nous arrêtâmes de tâcher de nous loger dans le faubourg; et si nous ne pouvions pas y trouver de gîte, il fut convenu que j'écrirais au commandant, en me nommant, pour lui demander les portes. Nous prévînmes aussi le cas où nous ne trouverions qu'un seul lit; je dis à d'Avaray que je le lui céderais, et qu'en qualité de plus fort, je passerais la nuit dans mon fauteuil. Il me déclara qu'il ne le souffrirait pas, et qu'il prendrait plutôt un matelas à terre, à côté de mon lit; j'insistai pour qu'il partageât au moins le lit que nous n'étions pas sûrs d'avoir ; et comme tout se tournait en gai dans mon esprit, je parodiai des vers d'Hippolyte et Aricie qui commencent par *Sous les drapeaux de Mars*, en mettant *matelas* au lieu de *malheur*, ce qui nous fit beaucoup rire. Ces projets, ces disputes, les souvenirs de notre voyage, mille autres qui tous se peignaient en beau dans l'ame de deux êtres les plus contens qui furent jamais, nous conduisirent jusqu'au village de Bossu, à un quart de lieue de Mons. Notre postillon qui n'y était jamais venu, se crut dans le faubourg, et nous frappâmes à plusieurs portes sans pouvoir en faire ouvrir une seule. Enfin il nous dit qu'il apercevait la cathédrale de Mons ; nous allâmes de ce côté, c'était un pigeonnier. Cependant à force d'avancer nous arrivâmes réellement dans le faubourg, et un maréchal ferrant, que nous parvînmes à réveiller, nous indiqua une auberge; mais elle avait si mauvaise mine, que nous résolûmes de ne nous en servir que pour écrire au commandant de Mons. Je sortis pour la première fois de voiture depuis 24 heures; nous frappâmes à la porte, une servante vint et nous demanda ce que nous voulions: « Écrire une lettre, lui répondis-je; » sur cette réponse, elle me ferma la porte au nez; mais le postillon, qui voulait se rafraîchir, frappa si fort qu'elle rouvrit la porte, et nous entrâmes: j'en avais grand besoin, car mes jambes étaient si engourdies que j'avais peine à me porter.

Mon premier soin pendant qu'on s'informait des ressources qu'on pourrait trouver là, fut de me jeter à genoux pour remercier Dieu dans une posture plus convenable que je n'avais pu le faire jusqu'alors. Acquitté de ce premier devoir, j'en remplis un non moins sacré ni moins doux, en serrant dans mes bras mon cher d'Avaray, auquel je pus, pour la première fois, donner sans crainte et sans indiscrétion le nom de mon libérateur. Cependant nous sûmes bientôt qu'il n'y avait moyen ni de coucher ni de manger dans cette maudite auberge, et tout ce que nous pûmes obtenir fut un peu de bière détestable. Alors nous prîmes le parti d'écrire au commandant, Peronnet porta la lettre, et en attendant nous nous mîmes à causer auprès d'un méchant feu de houille, avec notre postillon qui prit bravement une chaise à côté de moi. Je lui demandai d'abord son nom, il me répondit qu'il se nommait la Jeunesse. On sent bien que ce n'était pas pure curiosité de ma part, et qu'il m'était important de savoir le nom d'un homme qui, quoique sans s'en douter, m'avait si bien servi. Ensuite je lui demandai s'il y avait dans Avesnes beaucoup de prêtres qui eussent prêté serment. « Nous ne laissons pas d'en avoir, me » répondit-il, mais avec cela le plus » grand nombre est resté dans son de- » voir. Ils ont imaginé un nouveau ser- » ment pour l'armée, tout cela n'est » bon qu'à mettre l'officier mal avec le » soldat; aussi Dieu sait comme tout

» cela va. » D'Avaray lui demanda alors comment allait le régiment de Vintimille. « Oh ! répondit-il, il est as-» sez tranquille ; mais autrefois cela » vous faisait l'exercice trois fois la se-» maine, c'était un plaisir ; à présent » c'est une fois en huit jours, encore » ils sortent à sept heures, ils sont ren-» trés à huit, et pendant tout ce temps, » on n'entend ni à droite ni à gauche, » la musique va toujours. » Je lui demandai encore si à Maubeuge nous avions eu besoin des portes, à qui, du commandant ou de la municipalité, il aurait fallu nous adresser pour les avoir. « Eh ! parbleu, m'a-t-il dit, à » la municipalité ; est-ce qu'ils ne se » sont pas emparés de tout ! Qu'est-ce » que ces municipaux ? des sacrés pouil-

» leux. Enfin devinez un peu, dans un
» village où vous avez passé (il me
» le nomma, mais je n'entendis pas
» bien le nom) qui est-ce qui com-
» mande la nation avec deux épaulettes,
» s'il vous plait? c'est un marchand de
» vinaigre. » En nous racontant tout cela, il haussait les épaules; il doublait tout ce qu'il disait par le geste et par le ton; enfin, je ne crains pas de dire qu'il nous faisait oublier la fatigue et la faim. Cependant, quand Peronnet revint nous annoncer que les portes étaient ouvertes, l'une et l'autre nous firent recevoir cette nouvelle avec grand plaisir. *La Jeunesse* nous dit alors qu'il avait entendu dire que la meilleure auberge de Mons était la Couronne-Impériale, et nous lui dîmes de nous y mener.

En entrant dans la ville, on nous demanda nos noms et nos *caractères*. D'Avaray, auquel on adressait les paroles, hésitait encore; je tranchai la difficulté en déclarant que nous étions, *Monsieur, frère du Roi de France*, et le comte d'Avaray, et que nous voulions allez à la Couronne-Impériale. Le sergent de garde nous dit que nous étions attendus à la Femme-Sauvage, et que Madame y était déjà. Nous ne concevions pas trop comment, ayant passé par Tournay, elle pouvait déjà être à Mons. Cependant, nous réjouissant de ce surcroit de bonheur, nous demandâmes qu'on nous menât à la Femme-Sauvage. En y arrivant, nous trouvâmes l'hôte à la porte, qui nous confirma qu'on nous attendait; mais après avoir monté un assez vilain escalier, nous trouvâmes un domestique avec une chandelle à la main, qui, m'ayant examiné depuis la tête jusqu'aux pieds, me dit avec assez d'embarras que ce n'était pas moi qu'on attendait. La porte de la chambre était ouverte, et une femme, qui était dans son lit, se mit à crier: « Ce n'est pas lui! n'entrez » pas! » Alors l'hôte m'ayant examiné à son tour, me dit: « *Est-ce que vous* » *n'êtes pas le comte de Fersen?* — Non » vraiment, répondis-je; mais puisque » madame ne veut pas de nous, ne » pourriez-vous pas nous donner une » autre chambre? » Un *non* tout sec fut sa seule réponse. Assez mécontens, comme on peut le croire, de cette aventure qui nous avait d'abord semblé si heureuse, nous redescendîmes l'escalier; nous remontâmes en voiture, et nous fûmes à la Couronne-Impériale, où l'hôte nous déclara également qu'il n'avait pas de chambre à nous donner. Cette seconde mésaventure commençait tout de bon à nous attrister, lorsqu'une voix sortie de la maison fit entendre ces mots : *Monsieur d'Avaray, est-ce vous?* Il ne la reconnut pas d'abord, mais je reconnus celle de madame de Balbi. Nous descendîmes de voiture, et nous entrâmes dans la maison. Madame de Balbi s'occupa de nous faire donner à souper. Celui de l'auberge ne valait rien du tout; heureusement elle avait un poulet froid et une bouteille de vin de Bordeaux, et nous mangeâmes : ensuite elle eut la bonté de me céder son lit; d'Avaray prit celui de sa femme de chambre, et, pour la première fois depuis vingt mois et demi, je me couchai, sûr de n'être pas réveillé par quelque scène d'horreur.

Je dormis environ six heures, et je fus réveillé par M. de La Châtre, qui se trouvait à Mons, et à qui l'impatience où il était de me revoir n'avait pas permis de me laisser achever ma nuit. Un moment après que je fus levé, je vis arriver le comte de Fersen, qui avait conduit le Roi jusqu'à Bondi. Alors, rien ne manqua plus à mon bonheur, persuadé, comme je l'étais (car enfin il faut dire que je ne connaissais aucun détail du plan d'évasion), qu'une fois sorti de Paris, le Roi ne courait plus de risques. Je me livrai tout entier à ma joie, et j'embrassai M. de Fersen de tout mon cœur. Dès que je fus habillé, je reçus la visite de tout ce qu'il y avait de Français à Mons, des officiers autrichiens du corps de la ville de Mons. Je fus fort flatté de l'accueil qu'ils me firent, mais je brûlais de reprendre la route de Namur. Je ne pus cependant partir qu'à deux heures, parce que le charron, en raccommodant cette fameuse jante qui nous avait causé tant de peine la veille, avait cassé sa voisine; de sorte que, pour pouvoir marcher, il avait fallu l'attacher aussi avec un lien de fer, et que nous repartîmes de Mons dans le même état que nous y étions arrivés. Je demandai des nouvelles de la Jeunesse, et j'appris qu'on lui avait donné dix louis, qu'il avait d'abord été saisi en apprenant qui il avait mené, mais que la vue de tant d'or lui avait causé une si grande joie, qu'il était reparti tout de suite, sans plus s'informer de rien. J'ai su depuis qu'il s'est tiré d'affaire, en disant que nous l'avions contraint par violence à nous passer, et j'ai été fort aise de le savoir hors du danger qu'il avait couru pour nous.

La journée de Mons à Namur n'offrit rien de bien intéressant pour la curiosité. Les épanchemens de deux amis dont l'un est fier d'avoir sauvé l'autre, et dont l'autre à son tour est d'autant plus heureux de son bonheur, qu'il le doit à son ami, sont délicieux pour eux, mais n'ont aucun mérite pour les autres. Nous arrivâmes à Namur extrêmement tard, mourant de faim. Je crois que le souper que nous fîmes à l'hôtel de Hollande ne valait rien, mais nous le trouvâmes excellent. D'ailleurs nous avions le cœur content; nous trouvâmes du vin du Rhin qui était bon, et nous ne laissâmes pas que d'en boire. Tout cela fait que, de ma vie, je n'ai peut-être fait un souper ni meilleur ni plus gai.

A mon réveil, j'eus la visite du général de Moitelle qui commande à Namur, et de tous les officiers de la garnison, bien autrement nombreuse que celle de Mons. Ils me parurent si contens de me voir parmi eux, si zélés pour la cause du Roi, qu'il aurait fallu être le plus ingrat de tous les hommes pour n'en être pas touché; je ne le fus pas moins pour les attentions qu'ils eurent pour mon cher d'Avaray; on eût dit qu'ils devinaient mon cœur, et qu'ils sentaient que ce qu'ils faisaient pour lui me flattait bien plus que ce qu'ils faisaient pour moi-même. Cependant, sans concevoir encore aucune inquiétude pour le Roi, je commençais à trouver que les nouvelles de Montmédy tardaient : je ne voulais pas non plus m'aller jeter à Longwy, sans savoir si nous serions les maîtres de ce pays-là. En conséquence, je pris le parti de prier le général de Moitelle d'envoyer une estafette au commandant de Luxembourg, avec ordre de rapporter, quelque part qu'il me trouvât, les nouvelles qu'il apprendrait du Roi, bien résolu, si je n'en avais pas, de pousser jusqu'à Luxembourg.

On nous avait annoncé que nous

trouverions de fort mauvais chemins. Jusqu'à la première poste nous crûmes qu'on s'était moqué de nous; mais nous reconnûmes bientôt après qu'on ne nous avait dit que trop vrai. Les boulons de fer qui attachent l'avant-train de la voiture n'ayant pu y résister, nous essayâmes d'abord de les attacher avec une corde; mais ce moyen s'étant trouvé insuffisant, il fallut nous arrêter à un endroit qu'on appelle Nattoye pour en faire faire de nouveaux. Comme le soleil dardait avec une grande violence à l'endroit où nous étions, je proposai à d'Avaray d'aller chercher de l'ombre, et nous fûmes jusqu'auprès d'une maison devant laquelle était un banc de bois à moitié brûlé; ce qui nous surprit un peu. Une femme en sortit, et nous proposa d'entrer et de nous rafraîchir. Nous refusâmes l'un et l'autre, mais nous acceptâmes des chaises qu'elle nous offrit devant sa porte. Là d'Avaray envoya chercher par Sayer son portefeuille, et commença à passer à l'encre les notes de notre voyage qu'il avait prises au crayon. Pendant ce temps deux femmes, dont l'une âgée et l'autre plus jeune, arrivèrent auprès du banc. La jeune s'y assit, et la vieille y ayant déposé un fardeau assez considérable qu'elle portait, se jeta plutôt qu'elle ne s'assit par terre, et parut près de se trouver mal. Nous lui demandâmes ce qu'elle avait; mais la maîtresse de l'auberge (car la maison en était une) nous dit que c'étaient deux Allemandes de Wurtzbourg qui faisaient ordinairement les commissions des officiers de la garnison de Namur. La jeune regardait l'autre avec l'air le plus touchant. Nous n'entendions pas ce qu'elle lui disait; mais le mot de *maman*, prononcé d'un son de voix doux comme une flûte, retentit à notre oreille, et plus encore à notre cœur. Nous engageâmes la maîtresse à lui donner du secours; elle lui offrit de la bière, mais elle demanda du brandevin. La maîtresse nous dit qu'elle n'en avait pas, et que la femme du maréchal, qui dans ce moment raccommodait notre voiture, et qui aurait pu en donner, était à l'église; mais heureusement il passa par-là des garçons du village, et elle en envoya un, qui s'offrit de la meilleure grâce du monde à aller chercher le brandevin. En attendant

qu'il revînt, nous témoignâmes à la maîtresse notre étonnement de ce qu'il n'y avait pas seulement d'eau-de-vie dans sa maison. « Ah! Messieurs,
» nous dit-elle, vous ne savez pas ce
» que nous avons souffert dans ces der-
» niers temps-ci; j'en suis encore es-
» tropiée, et je m'en vais vous racon-
» ter comment cela m'est arrivé. Dans
» le temps de la retraite des troupes, les
» soldats prenaient tout ce qu'ils trou-
» vaient pour leur nourriture, de sorte
» que je suis restée deux jours sans
» manger ni boire. J'étais anéantie de
» faiblesse, et, le dernier jour, j'eus le
» malheur de tomber du haut en bas
» de mon escalier, et de me démettre la
» hanche. Les patriotes arrivèrent le
» lendemain : mon mari se sauva;

» faible et blessée comme je l'étais, je
» ne pus le suivre, et furieux de ce
» que nous avions reçu les troupes, ils
» prirent tous nos meubles et les jetè-
» rent dans le feu qu'ils allumèrent au
» milieu de la chambre; ils voulurent
» m'y jeter aussi. Ensuite ils changè-
» rent d'avis, ils brisèrent ma pauvre
» béquille, me traînèrent par toute la
» maison et dehors, et m'estropièrent
» comme vous le voyez. » En disant cela, elle me fit tâter le haut de sa hanche, et je sentis qu'en effet l'os était déboîté à ne pouvoir être jamais remis. Dans ce moment, le garçon qu'elle avait envoyé revint avec un verre d'eau-de-vie. On le présenta à la vieille, qui en but un peu et puis le donna à sa fille; celle-ci y mouilla un peu ses lèvres et

le rendit à sa mère. Nous voulûmes payer le garçon, la maîtresse nous dit qu'elle lui avait donné douze sous. Nous voulions lui en donner davantage; mais il s'en alla si vite que nous ne songeâmes pas même à le rejoindre. Alors nous donnâmes un écu de six livres à la maîtresse, qui apporta à ces pauvres femmes du pain, du beurre et de la bière. La vieille ayant repris un peu ses forces, se lève, vient se mettre à genoux devant nous et nous baiser les mains. Nous la relevons aussitôt; j'ôte mon chapeau, et lui montrant le ciel, je m'écrie : *Gott, gott!* Aussitôt elle tire son chapelet, le serre contre son cœur et se met à prier Dieu. Cependant la maîtresse à qui nous continuâmes de parler de ce qu'elle avait souffert, reprit la parole : « Ah ! Messieurs, c'est une cruelle chose que » les révolutions ; je ne souffre pas » moins de celle de France que de » celle de notre pays, je suis bien en » peine pour mes parens. Je suis née à » Frombaine, proche de Givet; je fais » ce que je peux pour les engager à » quitter la ville, et je ne peux pas en » venir à bout; cela me rend encore » plus malheureuse ! Ah ! Messieurs, » il n'y a que Dieu, son Roi et sa pa- » trie. » D'Avaray avait déjà fondu en larmes à l'action de la vieille ; j'étais ému, exalté de ce que disait la maîtresse. « Eh bien ! ma bonne, lui dis- » je, puisque vous pensez ainsi, priez » donc Dieu pour le Roi, il est peut- » être dans le plus grand danger de la

» vie ; il a quitté Paris. — Oh mon » Dieu ! s'écria-t-elle, que me dites-» vous là ? — Oui, s'écria d'Avaray, » voilà son frère, qui s'est sauvé en » même temps que lui. — Et voilà, » ajoutai-je, l'ami qui m'a sauvé. » Alors je me jetai dans ses bras, nos larmes se confondirent. Sayer, retiré dans un coin, essuyait ses yeux. La maîtresse, toute attendrie, me disait : « Vous êtes le frère de mon Roi ! Ah ! » si j'osais vous toucher !..... — Faites » mieux, ma bonne, embrassez-moi. » La voiture était raccommodée, je donnai un louis à la vieille, elle voulut encore me baiser la main, je l'embrassai, et nous partîmes.

Cet accident nous avait trop retardés pour que nous pussions espérer d'arriver à Bastogne, où nous avions compté coucher. En conséquence nous résolûmes de nous arrêter à Marche, et nous envoyâmes Sayer en avant pour nous faire préparer à souper à l'auberge de la poste, que le maître de poste d'Emptines, qui nous avait paru connaisseur en bonne chère, nous avait assuré être excellente. En arrivant à la ville, on nous conduisit à une maison de bonne apparence; nous nous réjouissions d'aller à une si bonne auberge, mais nous apprîmes bientôt que nous étions chez un ancien officier du régiment de Ligne qui avait voulu nous loger, parce que, malgré tout ce que le maître de poste d'Emptines nous avait dit, l'auberge de la poste ne valait rien du tout. Ce fut un cruel

rabat-joie pour moi qui me méfie des repas d'amis. Je jetai un douloureux regard sur d'Avaray dont je trouvai le visage tout aussi allongé que le mien. Notre chagrin augmenta quand notre hôte, qui venait de se relever (à neuf heures du soir), nous dit qu'il était désespéré de n'avoir pas été averti deux heures plus tôt, parce qu'il nous aurait donné des pigeons à la crapaudine, mais que ses pigeons étaient encore dans le pigeonnier, et ses poulets vivans; que cependant il avait envoyé à la poste chercher une gigue de mouton, et qu'il nous donnerait avec cela une salade et des œufs frais. Nous trouvâmes cet ordinaire un peu court; mais ce fut bien pis un moment après, quand sa cuisinière rentra furieuse contre la maîtresse de la poste, qui n'avait jamais voulu, disait-elle, lui prêter sa gigue; il nous offrit à la place des côtelettes de veau que nous acceptâmes. Nous étions un peu en peine du vin, lorsque le hasard nous fit découvrir une lettre de voiture qui lui annonçait une pièce de vieux vin de Volnay, de première qualité. Cette découverte nous charma. Nous amenâmes la conversation sur le vin qu'il buvait ordinairement; il nous dit que c'était du vin de Bar; que comme la dernière vendange avait manqué dans ce pays là, il s'était avisé de faire venir du vin de Bourgogne, qui lui était arrivé il y avait quinze jours; mais qu'on lui avait recommandé de le laisser reposer un mois avant de le mettre en perce.

Pour le coup, nous nous crûmes dans une véritable auberge d'Espagne, et nous nous disions tristement que Marche en famine justifiait bien son nom. Mais, à notre très-grande et très-agréable surprise, le souper fut assez bon, et M. Donné (c'est le nom de notre hôte), qui se trouva lui-même d'une fort bonne conversation, eut la complaisance de mettre sur-le-champ en perce son vin de Volnay, qui était excellent.

Le lendemain, le duc de Laval, son second fils, et plusieurs jeunes gens nous rejoignirent. M. de Falhouet, gentilhomme breton, m'offrit de courir en avant pour m'apporter plus vite des nouvelles s'il rencontrait quelque courrier. Je l'acceptai, nous partîmes; mais à peine nous avions fait deux lieues, que nous vîmes revenir M. de Falhouet avec la triste nouvelle de l'attentat de Varennes.

Je pourrais terminer là ma relation : la mission de mon cher d'Avaray était remplie; le rôle que l'arrestation du Roi me faisait jouer semble plutôt être du ressort de l'histoire générale, que celui d'une relation particulière; cependant j'ai encore quelques souvenirs que je veux consigner ici; et ceux que le récit que je viens de faire d'événemens qui ne regardent que moi, aura assez intéressés pour l'avoir lu jusqu'au bout, ne seront peut-être pas fâchés de les trouver.

La douleur que je ressentis est facile à se figurer. Je regrettai le succès de mon entreprise; j'eus un moment la pensée de rentrer en France et d'aller reprendre mes fers, pour partager ceux de mes malheureux parens ; mais je réfléchis que, sans pouvoir les servir, je perdrais non-seulement moi, mais, ce qui était bien plus cher pour moi, mon ami, mon libérateur, que rien n'aurait pu engager à me quitter. De son côté, comme s'il eût deviné ma pensée, il me dit tout de suite que si je croyais devoir retourner en France, il me conjurait de ne pas être arrêté par sa considération, et qu'il me suivrait partout sans inquiétude. Cette nouvelle preuve de sa courageuse amitié aurait suffi pour me décider quand je ne l'aurais pas été. J'ordonnai au postillon de nous ramener à Marche; en chemin nous retrouvâmes le duc de Laval, que je pris dans la voiture. Mes larmes, qui n'avaient pu couler dans le premier instant, étant venues me soulager, je réfléchis un peu plus froidement sur ce que j'avais à faire pour entamer la nouvelle carrière qui s'ouvrait devant moi. Arrivés à Marche, nous y fûmes joints par le fils de M. de Bouillé, qui nous apprit les détails de ce cruel événement qui renversait toutes nos espérances. J'étais bien disposé à aller d'abord me reposer à Bruxelles; mais comme le chemin de Marche à Namur, qui est le plus court, passe très-près de la frontière, et qu'on disait qu'il y avait eu des actes d'hostilité commis, nous agitâmes un moment si nous ne passerions pas par Liége. Cependant, ayant fait la revue de nos armes, et ayant vu que nous avions seize coups de pistolet à tirer, ce qui était plus que suffisant contre un parti qui n'aurait pu être que peu nombreux, nous nous décidâmes à retourner à Namur en marchant en caravane. Je pris seulement la précaution d'envoyer M. de Bétizy, qui était un des jeunes gens dont j'ai parlé plus haut, au général de Moitelle, le prier de nous envoyer une escorte de Hullans; M. de Bétizy fit tant de diligence, le général y mit tant de bonne volonté et les Hullans tant de zèle, qu'ils nous joignirent à trois lieues de Namur; et nous arrivâmes dans cette ville sans autre accident que de casser encore une fois par la maladresse du postillon.

La joie que j'eus d'y retrouver Madame, fut empoisonnée par l'idée de la position du reste de ma famille, et la comparaison que je fis malgré moi de son sort avec le nôtre. Résolu de me rejoindre au comte d'Artois, je lui écrivis que j'allais à Bruxelles pour y attendre de ses nouvelles, et lui demander où il voulait me donner rendez-vous; et pour plus de sûreté, je lui dépêchai deux courriers, l'un par Luxembourg, l'autre par Aix-la-Chapelle. Cependant, comme je savais que l'évêque de Namur devait me proposer de loger chez lui, et que le clergé des Pays-Bas s'était mal conduit dans la révolution, je consultai le général de Moitelle qui me conseilla d'accepter la proposition. En conséquence, nous quittâmes notre auberge, et nous allâmes nous établir à l'évêché ; nous y trouvâmes un fort bon souper, mais nous eûmes bien de la peine à nous débarrasser des soins officieux de l'évêque qui voulait nous faire boire beaucoup plus que nous ne voulions, et surtout de l'anisette, espèce de ratafia plus violent que le kirsch-wasser. Le lendemain, avant de partir pour Bruxelles, j'écrivis à tout hasard une lettre pour le Roi, la Reine ou ma sœur. Cette lettre n'est jamais parvenue à sa destination.

Mon projet était de loger à Bruxelles, à l'auberge; mais l'archiduchesse n'y voulut jamais consentir, et elle nous logea dans une petite maison dépendante de son palais, le palais même n'étant pas en état de nous recevoir, parce qu'elle avait été obligée de le faire démeubler pendant les derniers troubles. Tout ce qu'il y avait de Français dans cette ville demanda à me voir; mais j'étais trop en peine de mes malheureux parens, pour être en état de voir personne. Le lendemain, j'appris par une lettre du comte d'Artois, qu'il arrivait. J'allai au-devant de lui, et j'oubliai pour un moment mes peines passées, mes inquiétudes présentes, mes craintes futures, en serrant dans mes bras un frère, un ami dont nos malheurs communs m'avaient séparé depuis près de deux ans. La joie qu'il me témoigna de me revoir me fit peut-être encore moins de plaisir que l'accueil qu'il fit à mon cher d'Avaray.

Cependant, ayant appris que le Roi était de retour à Paris, et qu'au moins la vie de ma famille était en sûreté, nous nous déterminâmes à paraître en public, et l'archiduchesse voulut bien nous prêter son grand appartement pour y recevoir nos Français. Le plaisir qu'ils me témoignèrent en me revoyant, celui que je ressentis moi-même, me firent repenser bien vite à celui qui me procurait cette scène touchante, et je m'empressai de remplir les devoirs sacrés de la reconnaissance, en publiant hautement toutes les obligations que j'avais à mon libérateur. Je fus bien payé de cette démarche ; car en sortant de-là, toute cette noblesse courut en corps lui faire une visite. Qu'il me soit permis de le dire : de toutes les choses flatteuses que j'ai éprouvées en ma vie, c'est celle qui a le plus satisfait mon cœur; il y entra bien un petit grain d'amour-propre; mais l'amitié, la reconnaissance y avaient bien plus de part.

Les huit jours que je passai à Bruxelles ont été peut-être les plus occupés de ma vie. Placé tout d'un coup à la tête d'une des plus grandes machines qui aient jamais existé, il fallait non-seulement faire aller le courant, mais m'instruire du passé, dont je n'avais eu aucune connaissance dans ma prison, pour en faire l'application au présent. Je crois que je n'en serais jamais venu à bout, sans le comte d'Artois. Bien loin, après toutes les peines qu'il s'était données, d'être fâché de voir arriver un collègue qui pouvait lui ravir une partie de sa gloire, il s'empressa de m'instruire, de m'aider, de me mettre en avant, de me faire valoir; en un mot, ce n'était pas un frère que je retrouvais en lui; c'était le fils le plus tendre. C'était Charles V se jetant dans les bras du roi Jean, après sa captivité Je l'éprouvai d'une manière bien touchante à l'audience de congé que nous donnâmes à toute la noblesse, avant de quitter Bruxelles. Je n'entreprendrai point de décrire cette scène. Je ne rendrais jamais assez bien ce que je ressentis.

Nous partîmes le 3 juillet pour Liége, et nous logeâmes à l'auberge de l'Aigle-Noir. Comme nous étions beaucoup de monde, et que la maison n'était pas vaste, nous n'eûmes, d'Avaray et moi, qu'une même chambre. Cette circonstance, qui me rappelait le temps peu éloigné où voyageant à peu près dans le même pays, nous existions seuls l'un pour l'autre sur la surface de la terre, me fit un vrai plaisir. Le 4, nous arrivâmes à Aix-la-Chapelle, où nous trouvâmes le Roi de Suède qui, plus instruit que moi du plan d'évasion du Roi, s'était rendu dans cette ville sous le prétexte des eaux, mais dans le fait pour être plus à portée du théâtre des événemens où sa grande ame lui faisait désirer de jouer un rôle. J'ai oublié de raconter qu'aussitôt qu'il avait appris l'arrestation du Roi, il m'avait écrit une lettre charmante à ce sujet; et une particularité assez piquante, c'est que cette lettre m'avait été apportée par le baron de Lieven, le même qui, en 1772, avait apporté au feu Roi, mon grand-père, la nouvelle de la révolution qui avait placé la couronne sur la tête de Gustave III. Nous séjournâmes un jour à Aix-la-Chapelle pour causer plus librement avec ce prince, dont nous eûmes tant sujet de nous louer.

J'éprouvai aussi dans cette ville un plaisir bien vrai : le comte d'Hautefort, ami de d'Avaray dès leur plus tendre enfance, n'avait pas plutôt appris mon évasion, que, laissant toute sa famille à Heidelberg, où il était établi avec elle, il était accouru pour nous rejoindre, et nous le trouvâmes en arrivant à Aix-la-Chapelle. Je fus fort touché de cette marque d'attention de la part d'un homme qui n'était encore pour moi qu'une connaissance agréable; mais je fus bien plus content de voir mon libérateur recueillir un nouveau fruit de ce qu'il avait fait pour moi, en retrouvant son ami dont il était séparé depuis près de deux ans. Son amour-propre avait pu être flatté plus d'une fois, mais alors c'était une pure jouissance de son cœur. Il était impossible que le mien ne la partageât pas; et quand j'ai mieux connu le comte d'Hautefort, elle m'est devenue personnelle.

Le 6 nous allâmes coucher à Bonn, chez l'électeur de Cologne, avec qui nous en étions convenus à Aix-la-Chapelle, et le 7 nous arrivâmes à Coblentz.

L'électeur de Trèves, mon oncle, avait

bien voulu prêter son château de Schonbornslust au comte d'Artois avant mon évasion ; il eut la même bonté pour Madame et pour moi. Je me ressouvenais de l'avoir vu en France il y avait près de trente ans. J'eus un vrai plaisir à le revoir; et l'accueil qu'il nous fit était le présage des bontés qu'il a eues pour nous et pour tous les Français que le désir de servir la cause de l'autel et du trône a engagés à se réunir à nous.

C'est là proprement qu'a commencé ma vie politique. Je pourrais encore en rester là; mais je n'étais pas content, et sûrement mes lecteurs ne le seraient pas davantage, si je ne leur disais rien de plus. Trois semaines s'étaient écoulées depuis mon évasion, et je n'avais encore rien fait pour mon libérateur.

Je souffrais, plus que je ne puis le dire, que le prince restât ingrat, tandis que l'ami exprimait si hautement sa reconnaissance. Enfin je reçus une lettre du duc de Lévis, qui, après quelques reproches de l'ignorance absolue où je l'avais laissé, finissait par me donner sa démission. Dès que je reçus cette lettre, je courus chez d'Avaray, qui fut presque étonné quand je lui nommai le successeur du duc de Lévis, et qui me remercia comme si je n'avais pas acquitté par-là une dette sacrée, et comme si je n'avais pas eu mille fois plus de plaisir à l'acquitter qu'à la contracter.

J'ignore quel sera le sort de ma patrie et le mien; mais quel que soit celui que la Providence me destine, elle ne pourra jamais m'ôter autant qu'elle m'a donné, en m'accordant un ami comme mon cher d'Avaray.

www.ingramcontent.com/pod-product-compliance
Ingram Content Group UK Ltd.
Pitfield, Milton Keynes, MK11 3LW, UK
UKHW020348230726
13925UKWH00003B/1012